Georg Hartung

GARNIEREN & VERZIEREN
leicht gemacht

HEEL

IMPRESSUM

Ungekürzte Lizensausgabe
der RM Buch und Medien Vertrieb GmbH
und der angeschlossenen Buchgemeinschaften

2. Auflage 2010

Text: Georg Hartung, Aschaffenburg
Fotos: Thomas Schultze, Düsseldorf
Satz und Gestaltung: Claudia Renierkens, renierkens kommunikations-design, Köln
Einbandgestaltung: Simone Fuhrmann
Einbandfotos: Thomas Schultze, Düsseldorf

Lektorat: Petra Hundacker, Christine Birnbaum

Dieses Buch wurde nach bestem Wissen und Gewissen verfasst. Weder der Verlag noch der Autor tragen die Verantwortung für ungewollte Reaktionen oder Beeinträchtigungen, die aus der Verarbeitung der Zutaten entstehen.

Alle Angaben ohne Gewähr. Irrtümer vorbehalten.

Umwelthinweis:
Dieses Buch wurde auf chlorfrei gebleichtem Papier gedruckt.
Die Einschrumpffolie – zum Schutz vor Verschmutzung –
ist aus umweltverträglichem und recyclingfähigem PE-Material.

Printed in Slowenia 2010
Buch-Nr. 118359

DANKSAGUNG

Für mich ist ein Traum in Erfüllung gegangen, meine Ideen bildlich festzuhalten und einem breiteren Publikum präsentieren zu können. Daher gilt mein besonderer Dank Christine Kelch von der Firma Triangle, dem Fotografen Thomas Schultze sowie Petra Hundacker und Christine Birnbaum vom HEEL Verlag, die von meinem Konzept überzeugt waren. Außerdem möchte ich mich bei Hubert Stumpf von der Firma Moguntia für die bereit gestellten Gewürze und Marinaden bedanken. Dank auch an den Handelshof Köln für die Unterstützung.

Ein Dankeswort möchte ich an dieser Stelle unserem verstorbenen Schuldirektor, Herrn Arnold Trippner aussprechen, der mich bei diesem Vorhaben unterstützte.

INHALTSVERZEICHNIS

Inhaltsverzeichnis

VORWORT

Die Idee für dieses Buch geht mir schon sehr lange durch den Kopf. Sie ist im Laufe meiner langjährigen Tätigkeit als Koch, als Fleischer, aber auch als Lehrer an der Berufsschule im praktischen Unterricht für Köche, Metzger und Fleischereifachverkäufer/innen entstanden. Mir ist aufgefallen, dass vielen meiner Schülerinnen und Schüler nicht nur der Mut, sondern auch die Ideen fehlen, ihre zubereiteten Prüfungsarbeiten mit einer ansprechenden Dekoration adäquat in Szene zu setzen. Jeder kennt das Bonmot „Das Auge isst mit" – aber wie kommt das Auge auf den Geschmack?

Ich möchte Sie, liebe Leserinnen und Leser, dazu anregen, Dekorationen und Verzierungen, die schnell und einfach herzustellen sind, auszuprobieren und damit Ihre Gäste oder auch Ihre Kunden zu überraschen. Bewusst habe ich mich nicht nur auf das Dekorieren und Verzieren von Früchten und Gemüse beschränkt, sondern auch Möglichkeiten aufgezeigt, wie Sie Ihre kleinen Kunstwerke beim Anrichten von Speisen optimal präsentieren können. Wenn Sie sich die einfachen Schneidetechniken angeeignet haben, dann können Ihnen die Vorlagen als Inspiration dienen, auf deren Grundlage Sie Ihrer Fantasie freien Lauf lassen sollten. Nehmen Sie sich nun Zeit und widmen Sie sich mit Muße der kreativen, entspannenden Arbeit des Dekorierens und Verzierens und überraschen Sie damit Ihre Familie und Ihre Freunde.
Ich wünsche Ihnen viel Spaß dabei!

GEORG HARTUNG

TIPPS ZUM ERFOLGREICHEN GARNIEREN UND VERZIEREN

Kreative, abwechslungsreiche Dekorationen aus Obst oder Gemüse sind oft das i-Tüpfelchen eines kulinarischen Arrangements und machen aus einem appetitlich angerichteten Teller den ultimativen Augenschmaus. Wichtig ist es, beim Einkaufen darauf zu achten, dass Sie einwandfreies, frisches Obst bekommen, denn dies trägt ganz wesentlich dazu bei, dass die Verzierungen und Garnituren gelingen. Außerdem sollten sie frische Früchte und Gemüse wenn möglich immer in der Saison kaufen. Saisonale Produkte sind nicht nur schmackhafter und haben mehr Nährstoffe, sie sind in der Regel auch preiswerter. Und darüber hinaus tun Sie auch noch etwas für die Umwelt, wenn Sie beispielsweise beim Weihnachtsmenü auf Erdbeeren verzichten und diese stattdessen zum Pfingstbrunch einplanen.

Damit im Obst und Gemüse möglichst viele Nährstoffe erhalten bleiben, sollten Sie diese immer abdecken, bzw. dunkel und kühl lagern. Spezielle Lagerbehälter für Lebensmittel, die es inzwischen in reichlicher Auswahl auf dem Markt gibt, haben durchaus ihre Berechtigung, wenn Sie sich etwas bevorraten wollen. Gemüse sollten Sie nie lange im Wasser liegen lassen, da sonst die wasserlöslichen Vitamine verloren gehen. Das Gemüse wird zwar in der Regel wieder „knackig“, aber bei frischer Ware und richtiger Lagerung erübrigt sich das Wässern ohnehin. Wegen des Nährstoffverlustes sollten Sie auch Früchte nur kurz mit Wasser abwaschen.

Helles geschnittenes Obst wie Bananen, Äpfel oder Birnen wird schnell braun. Wenn Sie die angeschnittenen Stellen jedoch mit etwas Zitronensaft beträufeln, können Sie dem vorbeugen.

Beim Anfertigen von Dekorationen sollten Sie unbedingt darauf achten, mit scharfen Messern bzw. gutem Werkzeug zu arbeiten, denn das erleichtert die Arbeit enorm. Mit minderwertigem Werkzeug werden Sie außerdem kaum zufriedenstellende Ergebnisse erzielen können.

Wenn es darum geht, Schinken-, Wurst- oder Käseplatten appetitlich und fantasievoll anzurichten, dann ist es sehr wichtig, die Schnittstärke der Scheiben zu beachten. Sind die Scheiben zu dünn geschnitten, lassen sie sich in der Regel schlecht falten oder haben keine ausreichende Standfestigkeit. Zu dick geschnittene Scheiben geraten dagegen häufig aus der Form. Wenn Sie eine Schneidemaschine besitzen, kaufen Sie am besten Ware am Stück und schneiden diese selbst auf, dann erhalten Sie das optimale Ergebnis für Ihre Zwecke. Am besten notieren Sie sich unmittelbar danach die Schnittstärke der jeweiligen Produkte. So ersparen Sie sich beim nächsten Mal das Ausprobieren.

Fleischzuschnitte lassen Sie sich am besten in einem Fachgeschäft für Ihre Bedürfnisse zuschneiden. Das hat den Vorteil, dass keine Reste anfallen und außerdem bekommen Sie sicherlich von manch einer Fachverkäuferin oder einem Fachverkäufer noch einen guten Tipp.

DIE HARDWARE: DAS MESSER UND SEINE HELFER

Der Spaß an der dekorativen Zubereitung von Lebensmitteln und ein gelungenes Schnitzergebnis hängen vom Geschick, von der Qualität der Lebensmittel und der Funktionalität der Werkzeuge ab. Gutes Werkzeug erleichtert nicht nur die Arbeit; vielmehr können Geometrien und Effekte erzielt werden, die sich mit einem geraden Messer allein nicht herstellen lassen. Darum hier ein kleiner Überblick über die wichtigsten Helfer und dem, was sie können:

Absolut unentbehrlich für die Arbeit mit Obst und Gemüse ist ein scharfes und handliches **Gemüse- und Obstmesser**.

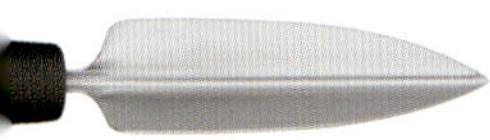

Der **Fruchtdekorierer** teilt Melonen, Papaya, Kürbisse, Zitrus- und viele andere Früchte in dekorative Zickzackhälften. Dazu wird die gewinkelte, beidseitig geschärfte Klinge rundherum in die Frucht eingestochen und die beiden Zackenkronen voneinander getrennt.

Mit Hilfe der **Schnitzwerkzeuge** (V-Messer, U-Messer) lassen sich Blumen, Rosetten, Skulpturen und Bilder aus Obst und Gemüse filigran herausarbeiten.

Kugelformer (von 10 bis 30 mm Durchmesser) dienen der Herstellung von Kugeln aus Obst, Gemüse oder Butter. Ihre Oberkante sollte unbedingt geschärft sein.

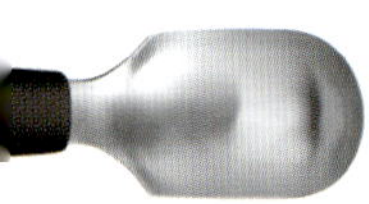

Der **Fruchtlöffel** ist geschärft und eignet sich aufgrund seiner Form hervorragend zum Aushöhlen von Kürbissen, Melonen, Auberginen und anderen „kernigen" Obst- und Gemüsesorten.

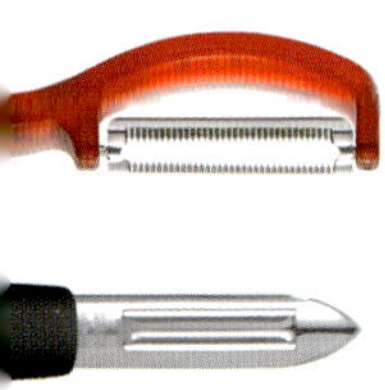

Vertikalschäler oder **Sparschäler** sind in der Küche ein Muss. Schneller und effizienter als mit einem Schäler lässt sich keine Frucht von ihrer Schale befreien.

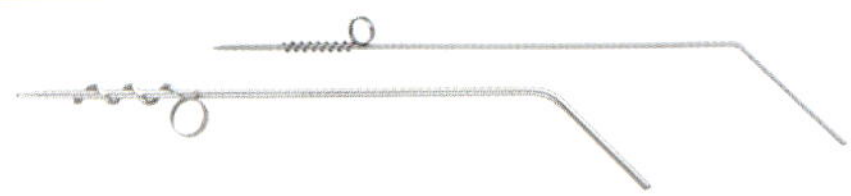

Kartoffelspiralen klein & groß werden ähnlich einem Korkenzieher in Kartoffeln, Möhren, Rote Beete, Rettich oder andere Hartgemüse gedreht. Das Ergebnis sind lustige, etwa 1,5 und 2,5 cm breite Spiralen, die als Rohkost gefuttert, gekocht oder frittiert werden können.

Mit der scharfen Kante des **Kerbmessers** lassen sich Muster und Ornamente in die Oberfläche oder Schale von Obst und Gemüse ritzen. Es ist eines der beliebtesten Werkzeuge in der Gemüseschnitzkunst.

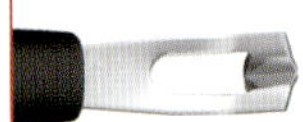

Das **Ziseliermesser** dient zum Kerben und Herausarbeiten von Kerben aus Obst und Gemüse unterschiedlicher Härte.

Wie in einen Spitzer werden Rettiche, Möhren, Rote Beete, Birnen oder Kohlrabi durch den **Spiralschneider** gedreht und verzaubern damit jede Rohkostplatte in einen luftig bunt geschmückten Teller.

Der **Rettichschneider** erzeugt endlose, gleichmäßig dicke Girlanden aus festem, länglich geformtem Gemüse wie Rettich, Rote Beete, Zucchini oder Rüben. Traditionell wird er in Bayern verwendet, wo der Rettich als Rohkost fein gesalzen mit einer Weißwurst und süßem Senf serviert wird.

Mit dem **Wellenschneider** lassen sich Scheiben, Stifte oder Würfel in Zickzackoptik herstellen. Geeignet sind Möhren, Gurken, Radieschen und Kohlrabi ebenso wie Äpfel, Melonen oder Papaya.

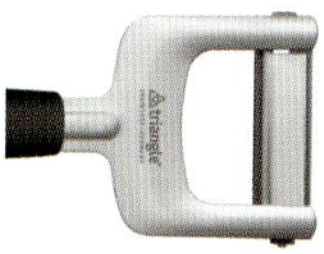

Mit dem **Julienne-Schneider** werden Möhren, Zucchini, Rettich, Rote Beete und andere Gemüsearten in gleichmäßige, feine Streifen geschnitten. Zur Herstellung von Gemüsespaghetti, dekorativer Schnüre oder streichholzlanger Einlagen für die Suppe.

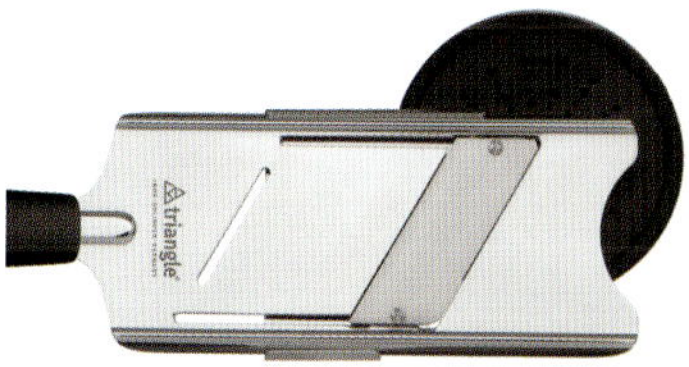

Der **Feinhobel** schneidet Scheiben aus Gurken, Zwiebeln, Wurzelgemüse, Trüffeln und anderen Pilzen schnell und ohne Mühe. Ein stufenlos verstellbares Schneidmesser lässt hauchdünne bis dicke Scheiben zu. Mit dem Restehalter können auch Endstücke problemlos verarbeitet werden.

Der **Butterroller** erzeugt Butterlocken für dekorative Einzelportionen am Büffet, auf dem Tellerrand oder zu Fleisch.

Um harten Käse wie Gouda, Emmentaler oder Bergkäse in gleichmäßig dicke Scheiben schneiden zu können, ist der **Drahtkäseschneider** das perfekte Instrument. Er schneidet den Käse in zwei unterschiedlichen Stärken. Der Draht kann nachgespannt und bei Bruch jederzeit ausgetauscht werden.

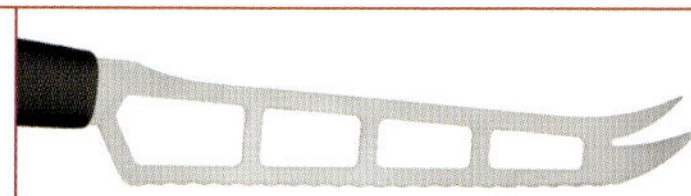

Weiche Käsesorten wie Brie oder Camembert, Ziegenkäse oder Gorgonzola lassen sich am besten mit einem speziellen **Käsemesser** schneiden. Große Aussparungen in der Klinge verhindern, dass die Scheiben an der Klinge hängen bleiben oder der Käse zerquetscht.

Die **Dressiernadel** funktioniert wie eine Nähnadel. Mit ihrer Hilfe werden Fleischsäckchen, Braten oder Geflügel zusammengenäht.

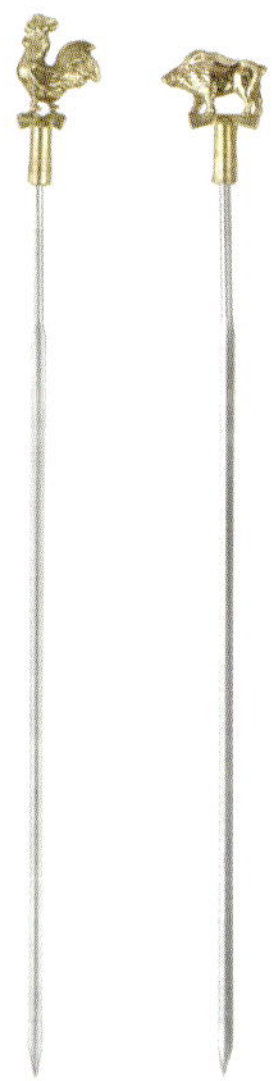

Die elliptische Form der **Spieße** verhindert, dass sich das Fleisch um den Spieß herum dreht und nur von einer Seite gart. Von ihrer glatten Oberfläche lässt sich das Fleisch optimal lösen und abstreifen.

Wer gerne und häufig Platten mit Scheiben von Wurst oder Käse anrichtet, ist mit der **Aufschnittgabel** besonders schnell und flexibel. Mit Hilfe der gebogenen Spitzen lassen sich die Scheiben einfach greifen. Zwei extra lange Zinken ermöglichen das Einrollen und akkurate Servieren der Scheiben.

Früchtchen

APFELFÄCHER

1 Für den Apfelfächer benötigen Sie ein kleines Gemüsemesser – und etwas Geschick.

2 Schneiden Sie seitlich eine kleine V-Form in den Apfel und ziehen Sie die kleine Apfelspalte etwas heraus.

3 Nun schneiden Sie eine etwas größere V-Form um die erste V-Form und ziehen das zweite Apfelstück leicht hervor.

4 Diesen Vorgang wiederholen Sie noch zwei- bis dreimal, je nachdem, wie groß Ihr Apfelfächer werden soll.

5 Dieser Apfelfächer besteht aus vier V-Formen.

Damit der Fächer nicht braun wird, beträufeln Sie ihn sofort mit etwas Zitronensaft. Genauso gut eignet sich in etwas Wasser aufgelöstes Vitamin-C-Pulver.

5

APFELSCHWAN

Apfelschwan

1 Für diese Obstfigur benötigen Sie nur ein kleines Gemüsemesser.

2 Halbieren Sie den Apfel knapp am Kerngehäuse vorbei und schneiden Sie wie beim **APFELFÄCHER** (S. 14) die Apfelhälfte fünfmal ein. Ziehen Sie die Apfelspalten auseinander.

3 Nun schneiden Sie links und rechts einen kleinen Apfelfächer mit drei Apfelspalten ein. Beträufeln Sie die auseinandergezogenen Apfelspalten mit Zitrone, damit sie nicht braun werden.

4 Trennen Sie von der anderen Apfelhälfte eine dickere Scheibe ohne Kerngehäuse ab und schneiden Sie mit dem kleinen Messer einen Schwanenhals. Eventuell müssen Sie diesen an den äußeren Kanten noch etwas nachformen (siehe Foto).

5 Stecken Sie nun einen Zahnstocher unten in den großen mittigen Apfelfächer. Mit zwei Pfefferkörnern oder getrockneten Nelken markieren Sie auf beiden Seiten die Augen.

Zuletzt stecken Sie den Schwanenhals auf den Zahnstocher, und schon ist Ihr Apfelschwan fertig.

DOPPELTER ERDBEERFÄCHER

1 Der doppelte Erdbeerfächer ist einfach herzustellen. Sie benötigen nur ein kleines Gemüsemesser (Klinge 8 cm).

2 Schneiden Sie das Grün von einer gewaschenen Erdbeere ab. Legen Sie die Erdbeere mit der spitzen Seite nach oben und schneiden Sie sie von oben, leicht zur Mitte versetzt, bis zur Hälfte ein.

3 Setzen Sie nun das Messer von der Seite an und schneiden Sie die Erdbeere bis zum Einschnitt ein (siehe Foto). Mit diesem Vorgang haben Sie ungefähr ein Viertel der Erdbeere abgetrennt.

4 Schneiden Sie das Viertel noch zweimal von oben ein und ziehen Sie die Scheiben wie einen Fächer auseinander. Drehen Sie die Erdbeere um 180 Grad und verfahren Sie mit dem zweiten Viertel ebenso.

Das Ergebnis ist ein doppelter Fächer. Auch den einfachen Fächer (siehe **APFELFÄCHER**, S. 14) können Sie mit einer Erdbeere herstellen.

ORANGEN-KIWI-STERN

Orangen-Kiwi-Stern

1 Bequem herzustellen ist der Orangen-Kiwi-Stern mit einem V-Messer oder dem Fruchtdekorierer. Sie können hierfür aber auch ein kleines Gemüsemesser verwenden.

2 Stechen Sie die Orange rundherum zickzack bis zur Mitte ein. Achten Sie darauf, dass Sie tief genug in die Frucht stechen, um die beiden Hälften später sauber voneinander trennen zu können.

3 Verfahren Sie bei der Kiwi ebenso.

Trennen Sie die beiden Hälften voneinander.

MELONEN-KORB

1 Benutzen Sie für den Melonen-Korb einen Fruchtlöffel, einen Fruchtdekorierer, ein kleines Gemüsemesser und ein Schnitzmesser.

2 Schneiden Sie mit dem Gemüsemesser die Melone von oben zweimal bis zur Mitte ein. Achten Sie darauf, dass in der Mitte der Melone ein etwa 1 cm breiter Steg als Henkel stehen bleibt.

3 Stechen Sie mit dem Fruchtdekorierer rundherum in die Melone ein und sparen Sie den Henkel aus.

4 Heben Sie die beiden Melonenstücke von der Melone ab und entfernen Sie die Kerne mit dem Fruchtlöffel.

5 Das Fruchtfleisch am Henkel stechen Sie mit dem V-Messer aus, dadurch entsteht ein schöneres Gesamtbild.

Dieser Melonen-Korb wurde mit Physalis, Melonen-, Erdbeer- und Pitahayakugeln gefüllt.

Als Verzierung sitzt ein Erdbeer-Stern (siehe **KIWI-STERN,** S. 20) auf dem Henkel, der mit einem Zahnstocher befestigt wurde.

MELONEN-STERN

Melonen-Stern

1

2

1 Zur Herstellung des Melonen-Sterns benötigen Sie einen Fruchtlöffel und einen Fruchtdekorierer.

2 Stechen Sie die gewaschene Melone in der Mitte mit dem Fruchtdekorierer auf einer Linie rundherum gleichmäßig ein. Alternativ können Sie auch ein kleines Gemüsemesser verwenden.

3 Achten Sie darauf, dass Sie tief genug einstechen. Ziehen Sie dann die gezackten Melonenhälften auseinander.

4 Entfernen Sie die Kerne mit Hilfe eines Frucht- oder tiefen Löffels.

Wenn Sie den Melonen-Stern gerade aufstellen möchten, kappen Sie den runden Teil der Melone leicht und stellen Ihr Kunstwerk auf die Schnittfläche.

3

4

Ein Beispiel für die Präsentation von **FRÜCHTE-STERNEN**: Melonen-, Orangen-, Kiwi- und Erdbeerstern. *Von unten nach oben.*

KOHLRABI-BLUME
TOMATEN-ROSE
EINFACHE ZUCCHINI-KAROTTEN-BLUME
WEINTRAUBE AUS SALATGURKE
BLUMENBOUQUET
GEMÜSESTREIFEN
KAROTTEN-BLUME
KAROTTEN-RETTICH-SPIRALE
LAUCH-BLUME
RADIESCHEN-FIGUREN
RETTICH-ROSE
ROTE-BEETE-SPIRALE
ZUCCHINI-FÄCHER ASIATISCH
ZUCCHINI-SPIRALE

Gemüslis

KOHLRABI-BLUME

Kohlrabi-Blume

1 Als Werkzeuge benötigen Sie für diese Blume ein kleines Gemüsemesser, ein Schnitzmesser und einen kleinen Kugelausstecher (10 mm).

2 Schälen Sie den Kohlrabi mit dem kleinen Messer und kappen Sie die beiden Enden. Stechen Sie mit dem Schnitzmesser (U-Messer) in der Mitte des Gemüses einen kleinen, ca. 2 cm tiefen Kreis ein.

3 Schneiden Sie dann vorsichtig mit dem Messer seitlich des Kohlrabis bis zum Einstich ein.

Heben Sie den ersten Einschnitt ab.

4 Stechen Sie um die kleine Blüte herum erneut einen Ring ein. Heben Sie nun den zweiten Einschnitt bzw. den Deckel ab.

5 Wiederholen Sie diesen Vorgang fünf- bis siebenmal. Die Anzahl der Umrandungen ist von der Größe des Gemüses abhängig.

6 Stechen Sie bei der letzten Umrandung bis zum Boden der Kohlrabi, um einen sauberen Rand zu erhalten.

Als Verzierung formen Sie mit dem Kugelformer eine kleine Kugel aus Roter Beete und setzen Sie diese auf die Kohlrabi-Blume.

Diese Blumenform können Sie auch aus anderem festem Gemüse wie z. B. Roter Beete, Rettich und Steckrüben herstellen.

TOMATEN-ROSE

Tomaten-Rose

Für die Tomaten-Rose benötigen Sie ein kleines Gemüsemesser (Klinge 8 cm).

Schneiden Sie die Tomate gegenüber dem Strunk zu $^3/_4$ ein, sodass eine Art abgehobener Deckel entsteht. Danach schälen Sie die Tomate in einem Stück kreisförmig ab. Rollen Sie das Tomatenband vom Ende her auf und setzen Sie es auf den Deckel.

EINFACHE ZUCCHINI-KAROTTEN-BLUME

Zucchini-Karotten-Blume

1 Für diese Gemüseblume benötigen Sie einen Vertikal- oder Sparschäler (für die Karotte) und einen Kugelformer.

2 Schälen Sie die Karotte und schneiden Sie die unteren 2 cm von vier Seiten schräg bis fast zur Mitte ein. Danach brechen Sie vorsichtig die Karotten-Blüte ab. Mit der Zucchini verfahren Sie ebenso, schälen diese aber nicht.

3 Mit einem Kugelformer stechen Sie eine Kugel aus einem Radieschen aus und befestigen diese in der Mitte der Zucchini-Blume mit einem Zahnstocher. Seine rote Schale sollte wegen des Farbkontrastes nach oben zeigen. Bei der Karotten-Blume verfahren Sie genauso, formen aber eine Kugel aus weißem Rettich.

Kleines Blumenbouquet aus Zucchini- und Karotten-Blumen.

WEINTRAUBE AUS SALATGURKE

Weintraube aus Salatgurke

Für diese Weintraube benötigen Sie ein Kerbmesser, ein Gemüsemesser und einen Kugelformer.

1 Schneiden Sie das obere Drittel der Salatgurke im spitzen Winkel ab.

2 Schneiden Sie mit dem Messer zwei Blätter aus und versehen Sie die Ränder mit kleinen Zacken. Aus dem Rest schneiden Sie einen Stiel.

Mit dem Kerbmesser kerben Sie kleine Rillen in die Blattoberseite.

3 Aus der restlichen Salatgurke stechen Sie mit Hilfe des Kugelformers Kugeln aus. Je nach Größe der Weintraube, die Sie später legen möchten, benötigen Sie zwei bis drei Salatgurken.

Ordnen Sie die Kugeln in Form einer Traube an und platzieren Sie den Stiel und die Blätter oberhalb der Traube.

BLUMENBOUQUET

Für dieses Bouquet benötigen Sie einen halbrunden Ausstecher, zwei Kugelformer in unterschiedlichen Größen (10 mm und 22 mm), ein kleines Gemüsemesser und einen Blattausstecher (alternativ ein kleines Gemüsemesser, siehe **WEINTRAUBE AUS SALATGURKE**, S. 34).

1

1 Schneiden Sie von einem Rettich ein 20 cm langes Stück ab und schälen Sie dieses. Schneiden Sie einseitig eine Fläche, sodass es stabil liegen bleibt.

Befestigen Sie in der Mitte des Rettichs mit einem Zahnstocher eine ausgestochene Kohlrabi-Blume, in deren Mitte zur Verzierung eine kleine Karottenkugel befestigt wurde.

2

2 Um die **KOHLRABIBLUME** (siehe S. 30) herum befestigen Sie mit einem Zahnstocher drei **TOMATEN-ROSEN** (siehe S. 32).

3 Unterhalb der Tomaten-Rosen stecken Sie jeweils eine **ZUCCHINI-** und eine **KAROTTEN-BLUME** (siehe S. 33).

Achten Sie auch hier auf die Farbkontraste.

Mit einem Blattausstecher stechen Sie fünf Blätter von einer Zucchini oder einer Salatgurke aus. Sie können die Blätter aber auch selbst herstellen (siehe S. 34).

Befestigen Sie die Blätter mit Zahnstochern, sodass ein kleines Bouquet entsteht, mit dem Sie Ihre Gäste sicherlich begeistern werden.

3

GEMÜSESTREIFEN

1 Gemüsestreifen lassen sich leicht mit einem Julienne-Schneider herstellen. Hierzu eignen sich Auberginen, Zucchini, Karotten und anderes festes Gemüse.

2 Waschen Sie die Zucchini und ziehen Sie mit dem Julienne-Schneider längsseitig über das Gemüse. Danach können Sie die Streifen kurz anbraten und mit Salz und Pfeffer würzen. Gemüsenester eignen sich zu pochierten Eiern oder Fischspeisen.

Als Dekoration können Sie auch eine **TOMATEN-ROSE** (siehe S. 32) auf das Gemüsenest setzen.

KAROTTEN-BLUME

Karotten-Blume

1 Die Karotten-Blume wird mit einem Vertikal- oder Sparschäler, einem kleinen Gemüsemesser (Klinge 8 cm) und einem Ziseliermesser hergestellt.

2 Kerben Sie die geschälte Karotte mit dem Ziseliermesser der Länge nach fünfmal ein.

3 Schneiden Sie die Karotte danach in dünne Scheiben.

Als Dekorationsbeispiel wurden ziselierte Karotten- und Gurkenscheiben abwechselnd im Kreis gelegt. In die Mitte wurde eine **RETTICH-ROSE** platziert (siehe S. 46).

KAROTTEN-RETTICH-SPIRALE

Karotten-Rettich-Spirale

1 Als Werkzeuge für diese Gemüsefigur benötigen Sie einen Sparschäler und eine Kartoffelspirale (groß und/oder klein).

2 Schälen Sie die gewaschene Karotte (oder den weißen Rettich) und schneiden Sie die beiden Enden ab. Drehen Sie nun die Kartoffelspirale vorsichtig in die Mitte der Karotte.

3 Achten Sie beim Eindrehen der Spirale darauf, dass sich die oberste ausgeschnittene Gemüselocke über die Schneidöse legt. Drehen Sie die Spirale komplett durch das Gemüse hindurch.

4 Danach drehen Sie die große Spirale wieder vorsichtig zurück. Fixieren Sie die Spirale mit der Spitze eines Gemüsemessers und drehen Sie das Gehäuse im Uhrzeigersinn ab. Die kleine Spirale können Sie einfach aus dem Gehäuse herausziehen.

Streifen Sie dann die Gemüsespirale von der Kartoffelspirale ab und dekorieren Sie nach Belieben.

LAUCH-BLUME

Lauch-Blume

1 Für diese Blume benötigen Sie nur ein Gemüsemesser. Schneiden Sie den Auswuchs und die grünen Blätter des Lauchs mit dem Gemüsemesser ab.

2 Vierteln Sie den Lauch, allerdings nicht ganz bis zum Ende. Die einzelnen Blätter sollen am Ende noch zusammenhalten.

3 Schneiden Sie die Lauchspitzen schräg ab und waschen Sie das Gemüse.

4 Klappen Sie die äußeren Lauchblätter links und rechts ein (siehe Foto), fünf Blätter pro Seite genügen.

5 Stellen Sie die Lauch-Blume nun auf und klappen Sie die zwei anderen Seiten ein.

Schneiden Sie die längeren Blätter in der Mitte so ab, dass die oberen eingeknickten Blätter etwas höher stehen.

Als Verzierung können Sie einen Radieschen-Stern (siehe **KIWI-STERN**, S. 20) in die Mitte setzen und darauf eine kleine Zucchini-Kugel legen.

RADIESCHEN-FIGUREN

Radieschen-Figuren

Für diese Radieschen-Figuren benötigen Sie ein Gemüsemesser.

EINFACHE RADIESCHEN-BLUME

Schneiden Sie das Grün und die Wurzel vom Radieschen ab. Dann schneiden Sie es vier- bis fünfmal tief, knapp an der Mitte vorbei ein und legen es in kaltes Wasser. Im Wasser quillt das Radieschen auf und entfaltet sich zu einer Blüte.

DER RADIESCHEN-ZAPFEN

Trennen Sie das Grün und die kleine Wurzel vom Radieschen ab. Schneiden Sie das Radieschen mit einem kleinen Gemüsemesser auf drei Seiten von oben nach unten dreimal ein. Lassen Sie auch diese Radieschenform für ca. 20 Minuten im Wasser quellen, damit die Einschnitte besser zur Geltung kommen.

TIPP:

DER RADIESCHEN-ZAPFEN EIGNET SICH BESONDERS ZUR DEKORATION VON KÄSE-, WURST- ODER SCHINKENPLATTEN.

DIE RADIESCHEN-MAUS

Wählen Sie ein Radieschen mit etwas Grün und Wurzel. Halbieren Sie es so, dass das Grün (für die Nase) und die Wurzel (für das Schwänzchen) an einer Radieschenhälfte stehen bleiben. Von der anderen Hälfte schneiden Sie die Ohren mit dem kleinen Gemüsemesser links und rechts aus.

Schlitzen Sie das Radieschen im vorderen Drittel ein und stecken Sie die Ohren der Maus in die Einschnitte (die weiße Seite nach vorne). Die Wurzel bleibt als Schwänzchen stehen. Vor den Ohren stechen Sie mit einem Zahnstocher zwei kleine Löcher für die Augen ein. Sie können Gewürznelken oder schwarze Pfefferkörner verwenden. Drücken Sie die Augen fest an.

RETTICH-ROSE

1 Für die Rettich-Rose benutzen Sie am besten einen Feinhobel. Alternativ können Sie auch eine Schneidemaschine oder ein scharfes Messer verwenden.

2 Hobeln Sie vom gewaschenen und geschälten Rettich dünne Scheiben ab.

3 Rollen Sie eine Rettichscheibe in Schneckenform auf und halten Sie sie am unteren Ende fest. Umlegen Sie den Rosenstempel mit drei weiteren Blättern. Halten Sie das untere Ende immer mit einer Hand zusammen. Umlegen Sie dann die Rosenknospe mit fünf weiteren Blättern. Benutzen Sie Zahnstocher für die Fixierung, wenn Sie die Blätter mit einer Hand nicht mehr halten können.

Diese Rettich-Rose wurde mit etwas Roter Beete eingefärbt.

Kleines Dekorationsbeispiel mit Tomaten-Rosen. Diese Verzierung passt gut zu Wurst- oder Schinkenplatten.

ROTE-BEETE-SPIRALE

Rote-Beete-Spirale

1

2

3

1 Für die Rote-Beete-Spirale benötigen Sie eine Rettichspirale, einen Schäler und ein großes Messer.

2 Schälen Sie die Rote Beete und schneiden Sie diese in eine sechseckige Form. Schneiden Sie die beiden Enden flach ab. Stechen Sie den Führungsstab des Rettichschneiders mittig ein und drehen Sie das Gewinde in das Gemüse hinein.

3 Indem Sie mit der Klinge kreisförmig in die Rote Beete hineinschneiden, erzeugen Sie eine beliebig lange Spirale.

Ziehen Sie den Führungsstab aus dem Gemüse heraus und arrangieren Sie Ihre Spirale kreisförmig auf einer Platte oder einem Teller. Als Kontrast legen Sie in die Mitte der Spirale einige **RETTICH-ROSEN** (siehe S. 46). Rote Beete oder Rettichspiralen eignen sich sowohl für das Garnieren kalter Platten als auch für die Zubereitung von Rohkosttellern.

ZUCCHINI-FÄCHER ASIATISCH

Zucchini-Fächer asiatisch

1 Für diesen sehr einfach herzustellenden Fächer benötigen Sie ein kleines Gemüsemesser.

2 Waschen Sie die Zucchini und schneiden Sie den Strunk ab. Trennen Sie nun ein 8 bis 9 cm langes Stück ab und halbieren Sie es.

Schneiden Sie das halbierte Zucchinistück wie einen Fächer zehn- bis zwölfmal ein. Achten Sie darauf, dass das Gemüse nicht durchtrennt wird, sondern die einzelnen Streifen an einem Ende zusammengehalten werden.

3 Blanchieren Sie das eingeschnittene Zucchinistück kurz. Schrecken Sie es ab und schlagen Sie jeden zweiten Streifen abwechselnd nach links und rechts ein.

Zusammen mit einer **TOMATEN-ROSE** (siehe S. 32) eignet sich diese Dekoration zum Beispiel sehr gut für Pastagerichte.

ZUCCHINI-SPIRALE

Zucchini-Spirale

1 Für diese Spirale benötigen Sie ein Kerb- oder Ziseliermesser, ein Gemüsemesser und einen Spiralschneider.

2 Schneiden Sie den Strunk einer gewaschene Zucchini ab und ritzen Sie sie mit einem Kerb- oder Ziseliermesser längsseitig ca. achtmal ein.

3 Drehen Sie die Zucchini durch den Spiralschneider wie einen Bleistift durch den Spitzer.

4 Drehen Sie die Zucchini so lange, bis eine Girlande entsteht.

Als Verzierung eignen sich kleine **KAROTTEN-BLUMEN** (siehe S. 39), die Sie auch mit dem Spiralschneider herstellen können. Beides zusammen ergibt eine farbenfrohe Deko.

Meet meat

ANANASSPIESS
FLEISCHTASCHEN
FLEISCHSÄCKCHEN
WELLENSPIESS

ANANASSPIESS

Von links nach rechts:
Für den Ananasspieß benötigen Sie ein paar Spieße, ein scharfes Messer, Streifen aus Putenbrust (alternativ Schweinefiletstreifen) und einige Scheiben Ananas.

Lassen Sie sich in einem Fachgeschäft längliche Putenfleischstreifen schneiden. Sie sollten etwa 2,5 cm dick und 15 cm lang sein. Schneiden Sie den Fleischstreifen in fünf gleichgroße Würfel. Marinieren Sie die Fleischwürfel mit einer Marinade (hier Currymarinade) oder würzen Sie sie mit Salz und Pfeffer. Schneiden Sie eine Ananas in ebenso große Stücke und spießen Sie diese mit den Fleischwürfeln abwechselnd auf einen Spieß.

TIPP:

WENN SIE DEN SPIESS NICHT SOFORT ZUBEREITEN, VERWENDEN SIE ANANAS AUS DER DOSE, DA FRISCHE ANANAS EINE STARKE SÄURE ENTHÄLT, DIE DEN GESCHMACK BEEINTRÄCHTIGT.

ZUBEREITUNG:

Den marinierten Spieß von allen Seiten in der Pfanne bei ca. 170 °C kurz anbraten. Auf ein Backblech legen und im Ofen bei ca. 160 °C für etwa 10 Minuten backen.

Inzwischen löschen Sie den Bratensaft in der Pfanne mit etwas Ananassaft (50 ml) ab. Geben Sie dann 8 g Mehl hinzu und verrühren Sie alles gründlich miteinander. Fügen Sie anschließend 200 ml süße Sahne hinzu und lassen Sie die Sauce reduzieren, bis sie sämig ist.

Würzen Sie die Sauce mit Curry, Salz und Pfeffer und servieren Sie sie mit dem Ananasspieß. Als Beilage eignet sich Butterreis.

FLEISCHTASCHEN

1 Schneiden Sie mit einem großen Messer ein 150 bis 160 g schweres Schmetterlingssteak vom Schweinerücken. Sie können auch Kalbfleisch oder Putenfleisch verwenden.

2 Füllen Sie die Fleischtaschen mit Früchten (Ananas, Pitahaya, Kiwi), klappen Sie sie zu und verschließen Sie sie mit zwei Zahnstochern, damit die Füllung in den Fleischtaschen bleibt.

3 Würzen Sie die Fleischtaschen mit Salz und Pfeffer, wenden Sie sie danach zuerst in Mehl, dann in gequirltem Ei und zuletzt in Kokosflocken.

ZUBEREITUNG:

Die Fleischtaschen von jeder Seite ca. 4 bis 5 Minuten in der Pfanne bei mittlerer Hitze (ca. 140 bis 150 °C) braten. Achten Sie unbedingt auf die Temperatur, da der Kokosflockenmantel bei hohen Temperaturen schwarz wird, während die Fleischtaschen noch nicht gar sind.

Wenn Sie eine festere Füllung wie z. B. Hackfleisch verwenden, verlängert sich die Garzeit.

Zu dieser Fleischspezialität können Sie eine Currysauce reichen (siehe **ANANASSPIESS**, Seite 52).

FLEISCHSÄCKCHEN

Fleischsäckchen

1

2

3

1 Lassen Sie sich von Ihrem Metzger Schmetterlingssteaks von ca. 150 bis 160 g schneiden (Schwein, Kalb oder Pute). Die Steaks sollten sofort etwas flach geklopft werden.

2 Zur Herstellung des Fleischsäckchens benötigen Sie eine Dressiernadel und etwas festeres Garn. Fädeln Sie ein Stück Garn (ca. 40 bis 50 cm) in die Öse der Dressiernadel ein.

3 Nähen Sie mit der Dressiernadel in ca. 1 cm breiten Stichen rund um das Steak. Achten Sie darauf, dass sie genug Garn haben, damit Sie die Fleischsäckchen nach dem Befüllen gut zuziehen können. Als Füllung wurden hier diverse Früchte verwendet. Frische Kiwi sollen Sie wegen der Säure nur nehmen, wenn Sie die Fleischsäckchen gleich zubereiten (siehe **ANANASSPIESS**, S. 54).

Haben Sie die Säckchen gefüllt, ziehen Sie die beiden Fadenenden zusammen und verknoten Sie sie. Würzen Sie die Fleischspezialität mit etwas Salz, Pfeffer und Knoblauchpulver oder mit einer milden Currymischung.

ZUBEREITUNG:

Das Fleischsäckchen von allen Seiten in der Pfanne bei ca. 160 °C kurz anbraten. Auf ein Backblech legen und im Ofen bei ca. 160 °C für ca. 15 bis 20 Minuten backen. Die Garzeit ist auch von der Füllung abhängig. Kompaktere Füllungen wie z. B. Hackfleisch brauchen länger, bis sie durchgegart sind. Während die Säckchen im Ofen garen, löschen Sie den Bratensaft in der Pfanne mit etwas Ananassaft (50 ml) ab. Danach geben Sie ca. 8 g Mehl und 200 ml süße Sahne hinzu. Lassen Sie die Sauce reduzieren, bis sie sämig ist.

Wenn nötig, würzen Sie die Sauce mit Curry, Salz und Pfeffer nach, und servieren Sie diese mit dem gegarten Fleischsäckchen.

Als Beilage eignet sich Butterreis.

WELLENSPIESS

Wellenspieß

Von links nach rechts:
Für die Wellenspieße benötigen Sie einen Spieß, ein scharfes Messer und Stücke vom Schweinerücken.

Lassen Sie sich in einem Fleischerfachgeschäft ein ca. 1 cm dickes und ca. 20 cm langes Fleischstück vom Schweinerücken oder von der Putenbrust schneiden. Das Stück sollte ca. 12 cm breit sein.

Dritteln Sie dieses flache Fleischstück und marinieren Sie die Fleischstreifen (hier mit einer Paprikamarinade) oder würzen Sie sie mit Salz und Pfeffer.

Schlagen Sie die gewürzten Fleischstreifen in Wellenform ein und spießen Sie sie auf den Fleischspieß. Die Anzahl der Fleischstreifen hängt von der Länge des Spießes ab.
Bei dieser Abbildung wurden drei Fleischstreifen für den Spieß verwendet.

ZUBEREITUNG:

Braten Sie den Wellenspieß bei ca. 170 °C auf jeder Seite eine Minute in der Pfanne an. Legen Sie ihn dann auf ein Backblech und schieben Sie den Fleischspieß bei 160 °C für 5 bis 7 Minuten in den Ofen.

Schwitzen Sie in der Pfanne ca. 10 g Zwiebelwürfel mit etwas Butter an. Geben Sie 30 g frische Champignonscheiben hinzu und braten diese für ca. 1 Minute an.

Löschen Sie die Pilze mit 30 ml Weißwein ab. Bestäuben Sie den Wein mit ca. 8 g Mehl, geben Sie 200 ml süße Sahne hinzu und reduzieren Sie die Sauce so lange, bis sie sämig ist. Schmecken Sie die Sauce mit Salz, Pfeffer, Knoblauch und etwas Estragon ab und servieren Sie sie mit dem Fleischspieß.

Reichen Sie pro Portion zwei Wellenspieße. Als Beilage eignen sich Nudeln, Kroketten oder Reis.

GARNELENSPIESS
HÄHNCHENSPIESS
LEBERMOUSSE AUF KRÄCKER
FRISCHKÄSE IN SALATGURKE
SÜSSE VERFÜHRUNG

Fingerfood

GARNELENSPIESS

GARNIERVORSCHLAG:

SERVIEREN SIE DIE FERTIGEN SPIESSE AUFGESTECKT AUF EINER HALBEN ZITRONE. ZUM DIPPEN EIGNET SICH EINE SÜSS-SAURE SAUCE SEHR GUT.

Für dieses Fingerfood benötigen Sie Riesengarnelen, Salz, Pfeffer, eine Zitrone, eine Physalis und einen kleinen Spieß. Zum Panieren verwenden Sie Mehl, Ei und Kokosflocken.

Zuerst halbieren Sie eine Zitrone der Länge nach (siehe Abbildung). Würzen Sie die Riesengarnelen mit Salz, Pfeffer und Zitronensaft.

Wenden Sie diese in Mehl, danach in gequirltem Hühnerei und zuletzt in Kokosflocken.

Braten Sie die Garnelen in Butter und etwas Öl bei mittlerer Hitze (ca. 150 °C) in der Pfanne aus.

Stecken Sie zuerst eine Riesengarnele auf den Spieß und dann eine Physalis mit Blatt (wie auf der Abbildung).

HÄHNCHENSPIESS

Hähnchenspieß

Für einen Hähnchenspieß benötigen Sie drei kleine Hähnchenfleischwürfel (Brustfleisch), einen kleinen Spieß, Salz, Pfeffer oder eine Marinade zum Würzen.

Stecken Sie die drei Fleischwürfel auf den Spieß und würzen Sie diesen mit Salz und Pfeffer oder einer Marinade. Braten Sie den Spieß bei mittlerer Hitze (ca. 150 °C) in einer Pfanne mit etwas Butter und Öl für höchstens 1 Minute auf beiden Seiten an und servieren Sie ihn auf einem Salat von Mango- und Orangenstreifen und Granatapfelkernen.

SERVIERTIPP: Tipp

REICHEN SIE DIE SPIESSE MIT DEM FRUCHTSALAT AUF KLEINEN ESSBAREN TEIGSCHALEN MIT ETWAS SÜSS-SAURER SAUCE.

LEBERMOUSSE AUF KRÄCKER

Lebermousse auf Kräcker

An Werkzeugen benötigen Sie ein Gemüsemesser und einen Spritzbeutel mit Sterntülle. Außerdem benötigen Sie pro Portion etwas Delikatessleberwurst (ca. 25 g), ein Radieschen, Gartenkresse und einen Kräcker.

Etwa 300 g weiche Delikatessleberwurst mit einem Handmixgerät luftig verrühren. Die Wurstmasse in einen Spritzbeutel mit Sterntülle füllen und ca. 25 g auf einen Kräcker spritzen.

Halten Sie den Spritzbeutel immer senkrecht und spritzen Sie eine Schneckenform. Stechen Sie dann ein Radieschen in Zickzack-Form tief ein (siehe **KIWI-STERN**, S. 20) und setzen Sie den Radieschen-Stern auf die aufgespritzte Leberwurstmasse. Als Farbkontrast legen Sie noch etwas Kresse hinter den Stern.

FRISCHKÄSE IN SALATGURKE

Frischkäse in Salatgurke

Für dieses Fingerfood benötigen Sie ein 2 cm dickes Salatgurkenstück, Frischkäse in einen Spritzbeutel mit Sterntülle gefüllt, eine Physalis, eine Traube und etwas Gartenkresse sowie ein Gemüsemesser und einen Kugelformer.

Die Salatgurkenscheibe mit dem Kugelformer etwas aushöhlen. Frischkäse (25 g) in die Vertiefung schneckenförmig aufspritzen und mit einer Physalis-Spalte sowie einer dunklen Traubenspalte garnieren. Als Farbkontrast wurde etwas Gartenkresse hinter die Früchte gesteckt. Möchten Sie das Fingerfood etwas pikanter würzen, dann schneiden Sie einfach sehr kleine Chiliwürfel und vermischen diese mit dem Frischkäse.

SÜSSE VERFÜHRUNG

Süße Verführung

Sie benötigen einen Biskuitteigtaler, Schokoladenschaum (Mousse au chocolat), eine Physalis, eine Traube, eine Erdbeere und Minzeblättchen.

Sollten Sie keine Biskuittaler finden, können Sie auch einen Biskuitboden kaufen und diesen mit einer Ringform ausstechen.

Bereiten Sie eine Mousse au chocolat zu und füllen Sie die Mousse in einen Spritzbeutel mit einer Lochtülle. Drücken Sie die Mousse in Wellenform auf den Biskuittaler.

Schneiden Sie dann die Früchte in Scheiben und setzen Sie diese auf den Taler (siehe Abb. Erdbeere, Traube, Physalis). Zur Verzierung legen Sie Minzeblättchen in die Mitte.

Platten und Kanapees

KÄSEPLATTE
LEGETECHNIKEN FÜR
SCHINKEN- ODER WURSTPLATTEN
SCHINKENPLATTE
KANAPEES

KÄSEPLATTE

Käseplatte

Für die Zubereitung der Käseplatte wählen Sie in Form, Farbe und Geschmack unterschiedliche Käsesorten aus. Wir zeigen in unserem unten aufgeführten Beispiel eine Legetechnik für Tilsiter, Gouda, Babybel, etwas harten Schimmelkäse, Mozzarella und Langres (franz. Weichkäse). Garniert haben wir mit Pitahaya, Traube, Orange und Kiwi.

1 Um Scheiben gleichmäßig und ohne zu verkleben schneiden zu können, sind ein Drahtkäseschneider (für Hartkäse) und ein Käsemesser (für Weichkäse) hilfreich.

2 Als Käseform eignen sich auch Ausstecher (siehe Foto). Je nach Sorte kann man den restlichen Käse z. B. für Käsesalat oder zum Überbacken verwenden.

3 Schneiden Sie Tilsiter, Gouda oder auch anderen Schnittkäse in breite Streifen und legen Sie diese in zwei Reihen hin. In der Mitte können Sie nun kleine runde Frischkäse platzieren.

4 Legen Sie jetzt links und rechts der Schnittkäsereihen Schimmelkäseecken, auf die dann jeweils vier Babybel angeordnet werden. Entfernen Sie zuvor die Hälfte der Wachsschicht des Käses.

5 Legen Sie nun die ausgestochenen Käseherzen links und rechts davon. Verwenden Sie hierfür einen Käse ohne Löcher, der etwas dicker geschnitten ist. Am besten nehmen Sie wie hier zwei unterschiedliche Käsesorten. Dadurch entsteht ein schöner Kontrast und der ausgestochene Käse kommt gut zur Geltung.

6 Für den rechten Bogen wurde hier geschnittener Schimmelkäse verwendet. Auf der linken Seite wurde ein Butterkäse mit Paprika bogenförmig drappiert.

7 Der untere Bogen wurde mit einem Schnittkäse (Gouda) angerichtet.

8 Legen Sie jetzt in die letzten beiden Lücken abwechselnd zwei Reihen Mozzarella- und Tomatenscheiben.

9 In der rechten Ecke liegt ein Weichkäse (Langres).

Die Käseplatte wurde mit zwei Kiwi-, einem Pitahaya- und einem Orangen-Stern sowie blauen und weißen Trauben dekoriert (siehe **ORANGEN-** und **KIWI-STERN**, S. 20).

Eine Käseplatte sollte aus mindestens fünf bis sechs Käsesorten bestehen. Nicht jeder mag jeden Käse.

Achten Sie auch auf die Auswahl der Sorten, sie sollten miteinander harmonieren.

LEGETECHNIKEN
FÜR SCHINKEN- ODER WURSTPLATTEN

Legetechniken

SCHINKENRÖLLCHEN

Von links nach rechts: Legen Sie eine Schinkenscheibe auf Ihre Arbeitsplatte und rollen Sie sie mit einer Fleischgabel gleichmäßig ein.

Als Einlage können Sie einen Stangenspargel verwenden, achten Sie aber darauf, dass die Spargelspitze herausschaut.

SCHINKENTÜTCHEN

Von links nach rechts: Schneiden Sie eine Schinkenscheibe bis zur Mitte ein und schlagen Sie die eingeschnittene Scheibe überlappend ein, sodass ein Tütchen entsteht.

EINGEKLAPPTE SCHEIBE

Von links nach rechts: Klappen Sie einfach eine Schinken- oder Wurstscheibe zu einem Drittel nach unten ein.

RÖCKCHEN

Von links von rechts: Die Scheibe rohen Schinken insgesamt viermal übereinander einschlagen (siehe Foto). Das untere Ende zusammendrücken, damit die Schinkenscheibe ihre Form behält.

SCHINKENPLATTE

Schinkenplatte

1 Legen Sie vier Schinkenröllchen mit Spargel auf eine runde Platte.

2 Setzen Sie nun drei weitere Spargelröllchen auf die unteren vier. Achten Sie darauf, dass die Röllchenreihen immer etwas versetzt sind. Legen Sie nun zwei weitere auf und schließen Sie mit einem Schinkenröllchen ab.

3 Wiederholen Sie diesen Vorgang auf der gegenüberliegenden Seite. Achten Sie darauf, dass die Rollen exakt gelegt und genau angeordnet sind.

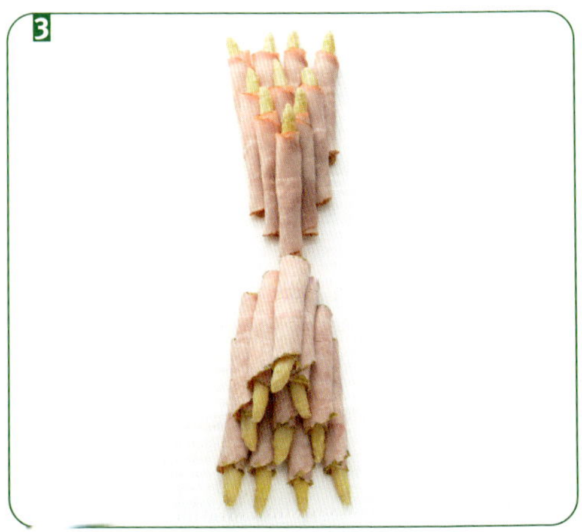

4 Nun legen Sie links und rechts geklappte Scheiben (Putenbrust) als Halbkreis. Lassen Sie jedoch Lücken zwischen den Schinkenröllchen und der Putenbrust.

5 Legen Sie jeweils sechs Lachsschinkenscheiben als Tütchen geformt rechts neben die Spargelröllchen.

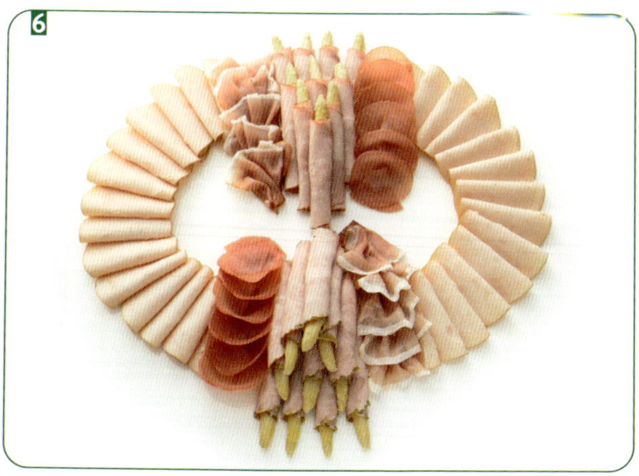

6 Falten Sie aus Scheiben von rohem Schinken Röckchen (siehe **LEGETECHNIKEN**, S. 77) und platzieren Sie jeweils fünf links neben die Spargelröllchen.

7 Schließen Sie nun die linke Lücke mit etwas Putenbrust und/oder gekochtem Schinken.

8 Auf der gegenüberliegenden Seite verfahren Sie genauso.

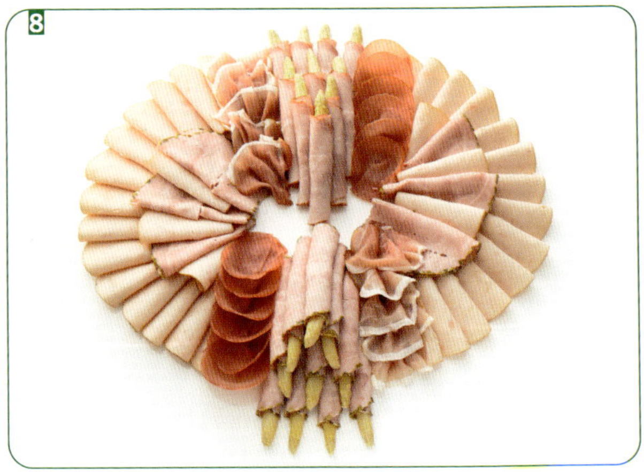

9 Setzen Sie nun in die Mitte zwei Rosen aus Roter Beete und drei Rettich-Rosen. Achten Sie darauf, dass die mittlere Lücke gut verdeckt ist.

Zum Abschluss garnieren Sie die Platte mit Salatgurkenblättern oder Zucchiniblättern (siehe **WEINTRAUBE**, S. 36). Sie können aber auch einen Blattausstecher für die Blätter verwenden.

KANAPEES

Kanapees

Kanapees sind meist gebutterte Toastbrot- oder Kastenweißbrotschnitten (hier Toastbrot) ohne Rinde, die mit Fleisch, Wurst, Käse, Eiern oder Fisch belegt sind. Bei der Dekoration sollte man darauf achten, dass sie mit dem Belag harmoniert.

Zum Ausstechen des Brotes verwenden Sie am besten einen Ausstecher von ca. 6 cm Durchmesser, für den Käse entsprechend kleinere Ausstecher und für die Paprika eine Sternform.

Von links oben nach rechts:
Ausgestochenes Toastbrot mit Butter (oder Mayonnaise) bestreichen. Mit einer ausgestochenen Salamischeibe (in der Größe des Brotes) belegen.

Zwei etwas kleinere Salamischeiben ausstechen, bis zur Mitte einschneiden und zu Tütchen einklappen (siehe **LEGETECHNIK TÜTCHEN**, S. 77) und darauf legen. Jedes Tütchen mit einer gefüllten Olivenscheibe mit Paprika und etwas Kresse dekorieren und an einer Seite des Tütchens eine halbierte Maiskölbchenspitze legen.

Von links oben nach rechts:
Ausgestochenes Toastbrot mit Butter bestreichen und mit einer genauso großen ausgestochenen Käsescheibe (z. B. Gouda) belegen. Eine etwas kleinere Scheibe aus hellem Bärlauchkäse und eine noch kleinere Käsescheibe aus dem Gouda ausstechen und auflegen. Durch die farblich unterschiedlichen Käsesorten erhalten Sie einen schönen Kontrast. Einen Spritzbeutel mit Sterntülle mit etwas Frischkäse befüllen und eine kleine Schnecke mittig aufspritzen. Garniert wurde dieses Kanapee mit einem Physalis-Stern und einer halbierten blauen Traubenscheibe.

Von links oben nach rechts:
Die Zubereitung des Brotes entspricht dem Käsekanapee, hier wurde allerdings roher Schinken verwendet (**LEGETECHNIK RÖCKCHEN**, S. 77).

Die Garnierung für dieses Kanapee besteht aus einer kleinen Rosette Lebermousse (siehe **LEBERMOUSSE**, S. 64), zwei ausgestochenen Paprika-Sternen (gelb und rot) und drei kleinen Schnittlauchhalmen.

Von links oben nach rechts:
Das ausgestochene Toastbrot mit Mayonnaise bestreichen und mit einer genauso großen ausgestochenen Putenbrustscheibe belegen. Eine zweite Scheibe Putenbrust in derselben Größe ausstechen, von links und rechts in die Mitte klappen und mittig auf das Kanapee legen. Am Ende der eingeklappten Scheibe eine Rosette Frischkäse aufspritzen und mit einer Tomaten-Rose aus einer Cocktailtomate (siehe **TOMATEN-ROSE**, S. 34), zwei gelben Paprikastreifen und drei Scheiben eines halbierten Cornichons verzieren.

Setzen Sie die Reihen Ihrer Kanapees immer abwechselnd mit hellem bzw. dunklem Belag. So erhalten Sie einen schönen Farbkontrast. Außerdem sollte jede Kanapeesorte identisch garniert sein, damit erhalten Sie ein schönes Gesamtbild.

Verzierungen

BUTTERVERZIERUNGEN
KAKAOVERZIERUNG

BUTTERVERZIERUNGEN

Butterverzierungen

BUTTER-WELLENSCHEIBE

Für diese Butterverzierung benötigen Sie einen Wellen- oder Buntschneider.

Achten Sie darauf, dass die Butter kalt ist. Tauchen Sie den Wellenschneider kurz in heißes Wasser und schneiden Sie dann von der Butter eine ca. 5 mm dicke Scheibe ab. Durchtrennen Sie die Butterscheibe diagonal mit dem Wellenschneider, sodass zwei längliche Dreiecke entstehen.

Diese Butterform können Sie gut zu kalten Vorspeisen reichen.

BUTTERSCHNECKE

Für diese Butterverzierung benötigen Sie einen Butterroller.

Stellen Sie die wiederum kalte Butter hochkant auf die längere Seite und ziehen Sie sie mit dem Butterroller ab, sodass kleine Schnecken entstehen.

Auch diese Butterform eignet sich gut zu kalten Vorspeisen oder Büffets.

TRAUBE AUS BUTTER

Als Werkzeuge für die Traube aus Butter benötigen Sie ein kleines Gemüsemesser (Klinge 8 cm) und einen Kugelformer.

Achten Sie auch hier darauf, dass die Butter sehr kalt ist, weil sie sich sonst nicht sauber aus dem Kugelformer lösen lässt. Zuerst schneiden Sie mit einem kleinen Messer zwei Scheiben der Butter ab und schneiden daraus zwei Blätter und einen Stiel (siehe **TRAUBE AUS SALATGURKE**, S. 36). Tauchen Sie dann den Kugelformer in heißes Wasser und formen Sie aus der restlichen Butter Kugeln. Je nach Größe der Traube benötigen Sie zwei bis drei Packungen Butter à 250 g.

TIPP: **TAUCHEN SIE NACH JEDER KUGEL DEN KUGELAUSSTECHER IN HEISSES WASSER, DANN ERHALTEN SIE GLATTE, GUT GEFORMTE KUGELN.**

Legen Sie die Kugeln nun in Form einer Weintraube. Platzieren Sie oberhalb der Kugeln die beiden Blätter und den Stiel. Diese Butterverzierung eignet sich besonders für kalte Büffets oder kalte Platten.

KAKAOVERZIERUNG

Kakaoverzierung

1 Für die Kakaoverzierung benötigen Sie Kakaopulver, ein feinmaschiges Sieb, einen Kaffeelöffel und eine Kuchengabel.

2 Geben Sie etwas Kakaopulver in das feine Sieb und halten Sie Löffel und Gabel auf einen Tellerrand. Bestreuen Sie das Besteck mit dem Kakao.

Heben Sie nun das Besteck vorsichtig vom Teller ab und schon ist die Verzierung fertig.

Als Dessert wurde Panna Cotta mit Zimtkirschen verwendet, als Früchtegarnitur ein **KIWI-** und ein **ERDBEER-STERN** (siehe S. 20) sowie drei kleine **APFELFÄCHER** (siehe S. 14). Richtet man einen Dessertteller mit drei Elementen an, erhält man ein harmonisches Bild.

ZUBEREITUNG DER PANNA COTTA:

0,5 l Sahne
40 g Zucker
9 g Gelatine
12 g Vanillezucker
Mark einer Vanilleschote

Die Gelatine mit etwas Sahne einweichen und vorsichtig auflösen (bei ca. 80 °C). Die flüssige Sahne, den Zucker, den Vanillezucker und das Mark einer Vanilleschote erwärmen (50 °C). Die aufgelöste Gelatine unter die Sahnemasse heben.

Flüssig in runde Förmchen oder Kaffeetassen abfüllen und im Kühlschrank erkalten lassen.

Die Gefäße mit der Panna Cotta kurz im heißen Wasserbad anwärmen, auf einen Dessertteller stürzen und ausgarnieren.

Meister-Produkte
MOGUNTIA-QUALITÄT – EXCLUSIV BEIM FLEISCHER
Moguntia
Wir machen den Geschmack für Profis!
Meister-Gewürze
Ceylon Curry Masala
Nach altem ceylonesischem Rezept
Kräuter-Mischung
Original Himalaya Kristallsalz
Naturbelassen
Feinster Muntok Pfeffer WEISS
Griffig fein vermahlen
Murcia Paprika
Feinster Sarawak
MOGUNTIA QUALITÄTSGARANTIE
Ohne Zusatz von:
Konservierungsstoffe
Geschmacksverstärk
Farbstoffen
www.moguntia.com